# DE GIDS VOOR HET BEHEERSEN VAN BITCOIN & CRYPTOVALUTA

HANDEL & INVESTEER CRYPTOVALUTA MET VERTROUWEN

**WAYNE WALKER**

# INHOUDSOPGAVE

# INLEIDING

Gefeliciteerd met uw persoonlijke exemplaar van *De gids voor het beheersen van Bitcoin & cryptovaluta.* We beginnen onze reis weg van de wereld van de door de overheid uitgegeven valuta's naar cryptocurrencies. De eerste vijf hoofdstukken geven je een degelijke introductie in het cryptocurrency-universum, waar je kennis maakt met een breed scala aan onderwerpen, van blockchain tot mining. Je krijgt ook een breed en diep begrip van de mechanica achter een van de meest populaire cryptocurrencies. In de overige hoofdstukken verschuift de nadruk naar praktische toepassingen voor handel. U maakt kennis met handelsstrategieën, samen met de "know-how" om ze toe te passen. U leert ook praktische technische analyse-indicatoren te gebruiken die uw vermogen om geld te verdienen kunnen vergroten. Deze hoofdstukken omvatten het, vaak over het hoofd geziene, gebied van de psychologie van traders. Deze secties zijn een bonus voor alle soorten handelaren. Bedankt voor het kiezen van dit boek!

*Opmerking: door het hele boek heen worden de woorden: digitaal, crypto en cryptovaluta door elkaar gebruikt.*

# HOOFDSTUK 1:
## Wat is Bitcoin (BTC)?

Bitcoin is een gedecentraliseerde digitale valuta (een digitaal bezit). Het is geen aandeel, een tastbaar goed of een echte munt. Geen enkele overheid bezit het. U kunt snel geld overmaken zonder tussenkomst van overheden of banken tegen een lage vergoeding. In zijn basisvorm is het een grote spreadsheet, een database. Voordat er geld was, waren er grootboeken. Zo hielden primitieve samenlevingen bij wie wat had en deed. Cryptocurrencies zijn, zoals velen zeggen, een natuurlijke evolutie in de geschiedenis van geld. Van ruilhandel, tot munten, tot papiergeld, tot nu: digitaal.

## Veilig?

Hoe veilig is het? Wat als iemand of een groep mensen het grootboek heeft gehackt? Zelfs als 40-49% zou worden gehackt, zou de meerderheid de juiste informatie hebben (het grootboek is gedecentraliseerd). Zolang de meerderheid van de grootboeken akkoord gaat, is de transactie geldig. Als een entiteit probeerde een aanval van 51% (meerderheid) uit te voeren, moet u zich ervan bewust zijn dat voor een aanval van deze omvang een bedrag van ongeveer 500 miljoen dollar nodig is om uit te voeren. Bovendien zou een aanval van deze omvang relatief snel door het netwerk worden opgemerkt.

## Keys and wallets

Er is een geheime privésleutel en een openbare verificatiesleutel. De privésleutel geeft u toegang tot uw account. De openbare sleutel wordt gebruikt om geld te verzenden of te ontvangen, tenzij u de privésleutel heeft, kunt u geen munt verplaatsen. Uw "wallet" bevat uw privésleutel. Een Bitcoin-wallet is het equivalent van een fysieke portemonnee. Uw wallet toont ook uw transacties op het grootboek.

## Waarom Bitcoin (BTC)?

Het verplaatsen van geld of het afwikkelen van transacties is duur en omslachtig. Zo zijn er obstakels van valutaspreads, belastingen, bankkosten en transactiedagen. De gemiddelde kosten voor buitenlandse overboekingen in de Verenigde Staten en elders zijn duur. Van bedrijfspenningmeesters tot de migranten die geld naar familieleden willen sturen, ze hebben allemaal een hekel aan de traditionele transfervergoedingen. Met Bitcoin kan tegen een kleine vergoeding geld worden verplaatst. Dit creëert de mogelijkheid om miljarden mensen te helpen die geen toegang hebben tot bankdiensten. Dit is ook een optie voor diegenen die lijden onder hoge inflatie en valutacontroles in landen (op het moment van schrijven) zoals Venezuela, Zimbabwe, enz.

## Een basis BTC-transactie

A) Sarah wil Phillip 20 Bitcoins sturen
B) Sarah heeft 100 Bitcoins
C) Sarah bereidt een "transactie" voor en stuurt deze naar de blockchain*

D) Genoeg "miners" bevestigen dat de transacties in een block* legitiem zijn. Phillip bepaalt hoeveel validatie hij nodig heeft. Zelfs als een paar miners niet betrouwbaar zijn, zal het grootste deel dat wel zijn en we kunnen erop vertrouwen dat de transactie tussen hen geldig is.

E) Bitcoins worden overgedragen

*Blockchain: een **openbaar** register/grootboek van Bitcoin-transacties

*Block: is een record in de blockchain dat wachtende transacties bevat en bevestigt

## BTC-gelovigen

De lijst van mensen met een positieve kijk op Bitcoin bevat invloedrijke namen als Bill Gates, Richard Branson en Peter Thiel. Andere geldschieters zijn onder meer durfkapitalisten (VC's) en Bitcoin-startups die tot nu toe meer dan 1 miljard dollar hebben geïnvesteerd. Een ander voorbeeld is BitAngels, een op Bitcoin gerichte investeerdersgroep die startups wil opschalen.

Enkele van de grote bedrijven die Bitcoin-betalingen overwegen of al accepteren, zijn Subway, Wordpress, Virgin Galactic, Reddit, Wikipedia, Shopify, OKCupid, Amazon, Paypal en Ebay. Dit is slechts een momentopname. Voor eigenaren van kleine bedrijven creëert dit een nieuwe pool van potentiële klanten.

# Bitcoin-geschiedenis (snelle versie)

## Satoshi Nakamoto: wat we weten

- Auteur van het boek "The White Paper" en originele Bitcoin-software
- Geen echte naam. De echte identiteit is onbekend, zou kunnen zijn; zij, hij of zij/vennootschap
- Zelden meer van gehoord sinds 2010
- Bezit veel Bitcoins uit vroege mining

## Geschiedenis

2009-2011: Enthousiasteling in forums die ideeën verspreidt, maar geen echte tractie. Genesis-blok opgericht op 3 januari 2009

2012-2013: Eerste beetje aandacht van investeerders, risiconemers, ondernemers

2013-2014: Big VC's begonnen te investeren

2015: Wall Street en instellingen begonnen serieus te investeren

2016-heden: Detailhandel, "man op straat" komt in opvallende aantallen binnen

## De vele "doden" van Bitcoin

Bitcoin is 150+ keer "gestorven". Hieronder zijn slechts enkele van de enorm onnauwkeurige voorspellingen van de ondergang van Bitcoin.

- 11 augustus 2013 "Waarom Bitcoin gedoemd is te mislukken" – moneygeek | $ 93,43
- 16 november 2013 "Bitcoin is een grap" – Business Insider | $ 433,57
- 4 mei 2017 "Het begin van het einde voor Bitcoin" – Dagelijkse afrekening | $ 1541,90
- 12 juli 2017 "Bitcoin-acceptatie is vrijwel nul en krimpt" - Yahoo Finance | $ 2410,55

## Bitcoin crasht en veroorzaakt problemen

- 2011-2013: zag grote prijsbubbel en crasht
- Februari 2014: Mt. Gox, een Bitcoin-uitwisseling, heeft in Tokio faillissement aangevraagd. Het bedrijf verloor bijna 750.000 van de Bitcoins van zijn klanten, plus 100.000 van zichzelf, ter waarde van ongeveer $ 473 miljoen op het moment van indiening. Mount Gox gelooft dat de bitcoins zijn gestolen en geeft hackers de schuld.

Suggestie: doe due diligence-onderzoek, maar wees voorzichtig met het gebruik van de resultaten van één particulier bedrijf als oordeel over een hele branche.

## Bitcoin anoniem?

Bitcoin is **niet** 100% anoniem, de adressen zijn public keys. De adressen zijn echter niet verbonden met uw echte wereldidentiteit. Om een nieuwe identiteit aan te maken, maakt u eenvoudig een nieuwe public key aan, dit wordt pseudonimiteit genoemd.

Blockchain gebaseerde valuta's zijn openbaar en permanent traceerbaar, elke munt heeft een geschiedenis en u kunt alle eerdere transacties zien. Echte anonimiteit vereist pseudonimiteit en ontkoppelbaarheid. Met andere woorden, verschillende transacties van dezelfde gebruiker met het netwerk mogen niet aan elkaar gekoppeld worden. Zonder anonimiteit is privacy veel slechter dan traditioneel bankieren!

## Ontkoppelbaarheid

Met ontkoppelbaarheid is het moeilijk om de verschillende adressen van dezelfde gebruiker te koppelen. Ook is het lastig om verschillende transacties van dezelfde gebruiker aan elkaar te koppelen en de verzender van een betaling te koppelen aan de ontvanger. Waarom is dit nodig? Veel Bitcoin-services vereisen een echte identiteit. Online wallets en beurzen, sommige gereguleerd, houden bijvoorbeeld gegevens bij waardoor uw anonimiteit met deze services wordt verwijderd.

# HOOFDSTUK 2:

## De Mechanica van Bitcoin

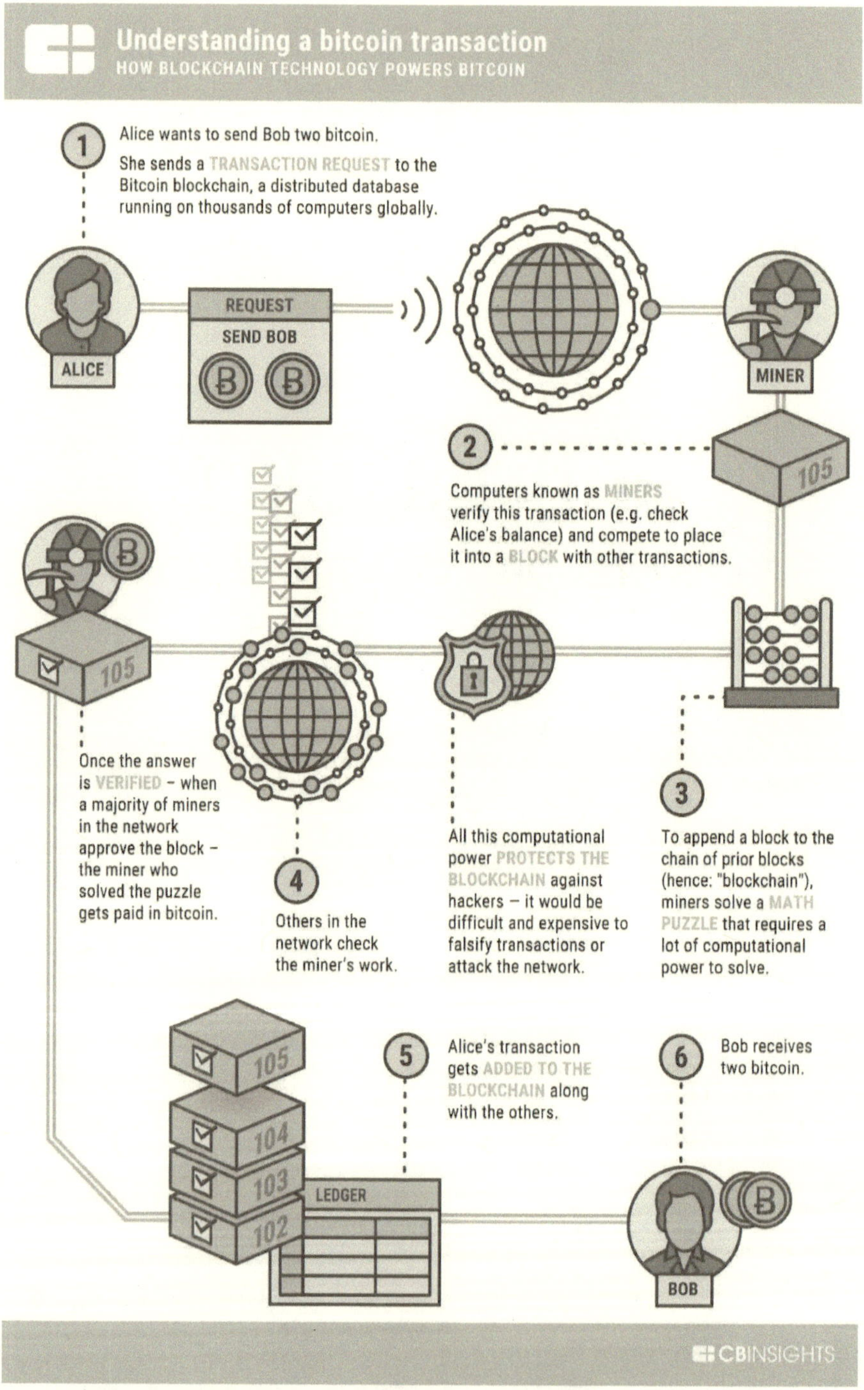
Understanding a bitcoin transaction
HOW BLOCKCHAIN TECHNOLOGY POWERS BITCOIN
1
Alice wants to send Bob two bitcoin.
She sends a TRANSACTION REQUEST to the Bitcoin blockchain, a distributed database running on thousands of computers globally.
ALICE
REQUEST
SEND BOB
MINER
2
Computers known as MINERS verify this transaction (e.g. check Alice's balance) and compete to place it into a BLOCK with other transactions.
105
Once the answer is VERIFIED – when a majority of miners in the network approve the block – the miner who solved the puzzle gets paid in bitcoin.
4
Others in the network check the miner's work.
All this computational power PROTECTS THE BLOCKCHAIN against hackers – it would be difficult and expensive to falsify transactions or attack the network.
3
To append a block to the chain of prior blocks (hence: "blockchain"), miners solve a MATH PUZZLE that requires a lot of computational power to solve.
5
Alice's transaction gets ADDED TO THE BLOCKCHAIN along with the others.
6
Bob receives two bitcoin.
105
104
103
102
LEDGER
BOB
CBINSIGHTS

## Bitcoin Core Software: het handboek van Bitcoin

De Bitcoin Core Software is open source (MIT-licentie). Open source is software met "source code" die iedereen kan inspecteren, wijzigen en verbeteren. Deze "source code" is de code die programmeurs kunnen manipuleren om te veranderen hoe een stuk software of programma werkt.

## Opslag van Bitcoins

We zullen enkele manieren bekijken waarop u munten kunt opslaan en bijhouden. Er zijn warme (online) en koude (offline) opslagmogelijkheden voor uw munten.

## Softwareportefeuilles – Voordelen/Risico's

Een software wallet is een relatief eenvoudige methode. U bewaart uw sleutel in een bestand op uw computer of telefoon. Het is handig, maar als het apparaat zoek is, is de sleutel verloren en zijn uw munten verloren. Met andere woorden, het is slechts zo veilig als uw apparaat. Als uw apparaat is gehackt en de sleutel is gelekt, worden uw munten hoogstwaarschijnlijk gestolen.

## Online wallets - Voordelen/Risico's

Een online wallet is vergelijkbaar met een lokale softwarewallet, maar bevindt zich in cyberspace. Een site slaat de sleutels op en u logt in om toegang te krijgen tot de portemonnee. Het is handig omdat U hiervoor niets hoeft te installeren en het werkt op meerdere apparaten. De veiligheidsproblemen zijn bekend. Het is kwetsbaar als de site wordt gecompromitteerd (intern of extern). Houd er rekening mee dat uw privésleutel(s) op een andere server zijn opgeslagen, met duizenden andere sleutels die hackers kunnen verleiden om een aanval uit te voeren.

## Paper & Hardware Wallets - Voordelen/Risico's

Een papieren wallet drukt uw openbare en privésleutels op papier af en vergrendelt het papier. Veiliger dan de online tegenhangers, kan een papieren wallet echter op vele andere manieren worden verscheurd, door water beschadigd, gestolen of vernietigd. Het is belangrijk om meerdere kopieën te maken en deze veilig te bewaren.

Hardware wallets zijn USB-vormige standalone apparaten die sleutels genereren tijdens het uitvoeren van een transactie. Ze moeten wel op uw computer zijn aangesloten tijdens het uitvoeren van de transactie. De wallets zijn beveiligd tegen mogelijke computermalware omdat ze offline privésleutels genereren, op de apparaten zelf. Ze zijn handig en relatief eenvoudig te gebruiken. Ze bieden back-up opties en kunnen ook worden beveiligd met een wachtwoord om diefstal tegen te gaan. Over het algemeen zijn hardware-wallets de veiligere optie.

## Bitcoin Exchange

Exchanges accepteren stortingen van Bitcoins (BTC) en fiat-valuta's ($, €) met de belofte om op verzoek terug te betalen. Hiermee kunnen klanten Bitcoin-betalingen doen/ontvangen, Bitcoins kopen/verkopen voor fiat-valuta's en Bitcoin-kopers matchen met verkopers.

Een voorbeeld van een veelvoorkomende transactie: Mijn account bij de exchange heeft €5000 + 3 BTC, ik gebruik de exchange om 2 BTC te kopen voor €1000 per stuk, eindresultaat: mijn account heeft €3000 + 5 BTC.

## Regelgeving: Banken versus Exchanges

Bij traditionele banken is de overheid doorgaans:

- Legt minimumreservevereisten op
- Verzekert deposit's

Bij exchanges verschilt de regelgeving aanzienlijk van land tot land. Er zijn er echter verschillende exchanges die het vertrouwen van de markt hebben verdiend.

## Bitcoin Geek Details

- 100 miljoen Satoshi's per Bitcoin
- 21 miljoen totale bitcoins
- 1 MB (megabyte*), dat is ongeveer 7 transacties per seconde, houd er rekening mee dat VISA 2.000-10.000 transacties per seconde kan verwerken

  *Eén megabyte is één miljoen bytes aan informatie

# HOOFDSTUK 3:

## Bitcoin Mining

Het mining proces is een van de sleutels tot het voorkomen van fraude. Miners bevestigen de authenticiteit van de Bitcoin-transacties in een block. Ze doen dit door de bijbehorende gegevens van elke transactie erbij te pakken en deze te gebruiken om een wiskundig probleem op te lossen. De oplossing staat bekend als een "hash", een kortere unieke reeks cijfers die de belangrijke transactie-informatie in het block bevat. De miners worden beloond met 12,5 munten voor hun inspanningen.

## Miners

Bitcoin miners sluiten zich aan bij het netwerk, luisteren naar transacties en valideren alle voorgestelde transacties. Ze luisteren ook naar nieuwe blocks en onderhouden de blockchain. Wanneer een nieuw block wordt voorgesteld, valideren ze deze. Het totale aanbod van Bitcoins is 21 miljoen. Tenzij de regels veranderen, lopen ze af in 2040.

## Mining Vereisten en Hardware

Mining heeft enorme hoeveelheden elektriciteit nodig! Dit wordt allereerst gebruikt om de berekeningen 24/7, 365 dagen per jaar uit te voeren. De volgende op de lijst zijn de hoge koelingseisen, dit is nodig om de machines te beschermen. De ideale temperatuur in mijncentra ligt tussen 15-25°C (59-77°F).

## Hardware

Op een high-end pc zou het jaren duren om een block te vinden, daarom heb je iets veel snellers nodig. Bitcoin ASIC's zijn hardware voor Bitcoin mining. Ze presteren beter dan andere platforms voor Bitcoin mining in snelheid en efficiëntie. Bitcoin ASIC-chips kunnen over het algemeen alleen voor Bitcoin worden gebruikt mining. Met ASIC-chips neemt de tijd die nodig is om een block te vinden aanzienlijk af. Ze zijn ontworpen om constant en altijd te worden gebruikt en ze vereisen ook aanzienlijke expertise.

## Mining Pools

Solo mining is erg moeilijk. Zelfs met de nieuwste mining hardware, tenzij je toegang hebt tot ongelooflijk goedkope stroom, zou je uiteindelijk al je geld kunnen uitgeven aan elektriciteitsrekeningen. Daarom bundelen kleine miners hun risico en proberen de deelnemers van de pool blocks te minen. Ze verdelen de inkomsten (transactiekosten, samen met nieuw gecreëerde Bitcoins) aan leden op basis van hoeveel werk ze hebben verricht, minus de vergoeding van de poolmanager.

De eerste pools verschenen in 2010 en in 2015 was ongeveer 90% van de mining pool-based. Tegenwoordig domineren echter grote mining centra. Professionele miningcentra zijn mogelijk onder de volgende voorwaarden: goedkope stroom, goed netwerk en een koel klimaat.

Omdat ze 24/7, 365 dagen per jaar in gebruik zijn, verbruikt een groter mining centrum (20.000+ machines) 40 megawatt elektriciteit per uur, het gemiddelde verbruik van 12.000 huishoudens in dezelfde periode. Ze kunnen tot $ 40.000 per dag betalen voor elektriciteit, zelfs met de kortingen die ze normaal krijgen.

## Beloningen Mining Block

Momenteel vormen blockbeloningen het grootste deel van de inkomsten van miners. Naar verwachting zal in de toekomst transactiekosten domineren. De beloning voor Bitcoin blockmining halveert elke 210.000 blocks en de huidige muntbeloning zal afnemen van 12,5 naar 6,25 munten.

# HOOFDSTUK 4:
## Bitcoin Gemeenschap en Politiek

Een Bitcoin Improvement Proposal (BIP) is een formeel voorstel voor wijzigingen in Bitcoin. Het bevat de basis van technische specificaties. Iedereen ter wereld kan een BIP voorstellen. Het is aan de Bitcoingemeenschap van gebruikers, miners, ontwikkelaars en investeerders om te stemmen en te beslissen of ze voorstellen willen implementeren.

In de Bitcoingemeenschap worden de regelwijzigingen van Core Developers standaard gevolgd. Wat als gebruikers een regelwijziging niet leuk vinden? Ze kunnen de regels of software verlaten of hun recht uitoefenen om de regels of software te "forken". Een fork is een wijziging in de software van een digitale valuta die twee afzonderlijke versies van de blockchain creëert met een gedeelde geschiedenis.

## Zachte & Harde Fork Mogelijkheden

Soft forks kunnen leiden tot nieuwe signature schemes en extra metadata per block. Hard forks kunnen leiden tot wijzigingen in de groottelimieten en wijzigingen in de mining snelheid.

Een harde fork is een permanente afwijking in de blockchain, het komt voor wanneer niet-geüpgradede knooppunten geen blocks kunnen valideren die zijn gemaakt door geüpgradede knooppunten die nieuwere consensusregels volgen. Een node is een computer die verbinding maakt met het Bitcoin-netwerk.

Na een harde fork, als de fork bedoeld was om een altcoin (alternatieve valuta) te starten, gaat de altcoin zijn eigen weg, ze bestaan naast elkaar. Als de fork een gevecht over de toekomst van Bitcoin weergeeft, vechten de partijen om marktaandeel om te worden gezien als de "echte Bitcoin" die wint, de andere kan vervagen. In het geval van Bitcoin Cash bestaan ze naast elkaar.

**Voorbeeld van een harde fork:** Bitcoin Cash is vergelijkbaar met Bitcoin, behalve dat het de grootte van een block vergroot van 1 MB naar 8 MB. Waarom was dit nodig? Als een transactie niet in een block komt dat ter validatie naar het netwerk wordt gestuurd, moet het wachten en dit vertraagt het proces. Het vergroten van een block resulteert in snellere transacties.

## Wie heeft de macht in Bitcoin?

Er zijn veel meningen over wie de "echte" macht heeft in Bitcoin. Voor nu zullen we werken met het principe dat het afhangt van wie de strijd wint als ze het niet eens worden. Hieronder volgt een korte beschrijving van de verschillende spelers.

### Bitcoin Power Brokers

Investeerders - Bepalen of Bitcoin enige marktwaarde heeft
Bitcoin Core Developers - Zij schrijven het handboek
Miners - Schrijven de geschiedenis en valideren transacties

Traders en hun klanten - Ze genereren de primaire vraag en langetermijnprijs voor Bitcoins

Naast bovenstaande spelers is er de Bitcoin Foundation (opgericht in 2012). De stichting betaalt Core Developers en spreekt met overheden als vertegenwoordiger van Bitcoin.

# HOOFDSTUK 5:
## Voorschriften

Overheden zijn zich zeer bewust van Bitcoin. De aandacht wordt getrokken omdat je niet-traceerbaar digitaal geld hebt dat kapitaalcontroles omzeilt en landen niet kunnen voorkomen dat Bitcoin-waarde in of uit stroomt.

Dus kan niemand Bitcoin stoppen? Hmm ... Bitcoin zou kunnen worden verboden door regulering van de communicatie operators (communicatie is onderworpen aan regulering). Bitcoin is een type internetverkeer dat als elk ander kan worden gestopt. Als een regering plotseling zou beslissen dat niemand in hun land toegang heeft tot Bitcoin, kunnen ze dat telecomverbod verplichten toegang door beurzen en anderen op de zwarte lijst te zetten in hun infrastructuur. China, pakte in 2017 de exchanges hard aan, maar er gebeurde niet veel. De Bitcoin-prijs ging alleen maar hoger in de weken die volgden. Onlangs las ik over een bedrijf dat momenteel werkt aan een wereldwijd satellietnetwerk die blockchain-gegevens naar alle uithoeken van de planeet zal uitzenden, zodat mensen het kunnen gebruiken Bitcoin zonder internet nodig te hebben.

## De Eerste Golf van Regelgeving

De BitLicense van de staat New York maakte deel uit van de eerste golf van regelgeving die de cryptomarkt bereikte. Als uw bedrijf betrekking heeft op New York of een inwoner van de staat New York, is het volgende vereist om een vergunning te verkrijgen:

- Virtuele valutaoverdracht
- Het opslaan, vasthouden of behouden van bewaring of controle over virtuele valuta namens anderen
- Virtuele valuta kopen en verkopen als klantbedrijf
- Het uitvoeren van wisseldiensten als klantbedrijf
- Een virtuele valuta controleren, beheren of uitgeven

## Ongewenste minpunten

Niet-traceerbare digitale valuta, heeft helaas een lijst met ongewenste minpunten. Bepaalde misdaden zijn gemakkelijker te begaan, bijvoorbeeld ontvoering, afpersing, belastingontduiking en de verkoop van illegale goederen. Een voorbeeld hiervan was de schandalige Silk Road-website. De website was actief van februari 2011 tot oktober 2013. Het was de grootste onlinemarkt voor illegale drugs. Betalingen werden gedaan in Bitcoins en de site hield de munten vast voor beveiliging terwijl de goederen werden verzonden.

Ross Ulbricht was het brein achter Silk Road. Hij gebruikte verschillende aliassen, de bekendste waren "Frosty" en "Dread Pirate Roberts." Hij probeerde zijn spoor uit te wissen, maar de autoriteiten konden de punten met elkaar verbinden. Hij werd in oktober 2013 gearresteerd en zit nu een levenslange gevangenisstraf uit. De overheid nam 174.000 Bitcoins in beslag en deze werden later aan het publiek geveild.

De twee lessen die moeten worden geleerd, zijn: ten eerste is het moeilijk om lang anoniem te blijven. De andere is dat het moeilijk is om van de ondergrondse naar de legitieme economie te gaan zonder de aandacht van wetshandhavers te trekken.

# HOOFDSTUK 6:
## Bitcoin en Altcoins Trading

Crypto's zorgen voor volatiliteit, als traders houden we hiervan, het is zoete muziek voor ons. Waarom? Als u een transactie plaatst en er gebeurt niets, dan heeft u zojuist de spread voor niets aan uw broker betaald. Trading is een bedrijf (of je zou het als een bedrijf moeten behandelen), zodat je de transactiekosten (de spread) die je nodig hebt en de volatiliteit die je wilt, kunt recupereren.

Geruchten en paniek dragen bij aan de volatiliteit. Er kan ook sprake zijn van extreme gevoeligheid voor nieuws, 20% dagelijkse bewegingen zijn **niet** ongewoon. In de herfst van 2017 was, zelfs volgens crypto-standaarden, de volatiliteit die we zagen verbluffend.

## Voordelen

Er is meestal geen minimale handelsomvang, in tegenstelling tot het handelen in aandelen, grondstoffen of spot forex. Je kunt ook short verkopen, dus een opwaartse of een neerwaartse markt is voor jou allebei oké. Andere voordelen zijn dat u rechtstreeks met de exchanges kunt handelen, brokers zijn niet verplicht. U kunt 24/7 handelen, wat zelfs meer handelsuren is dan spot forex. Uiteraard is de liquiditeit niet de hele dag gelijk, sommige momenten van de dag zijn meer liquide dan andere.

## Dag handel

Daghandel met de nodige voorzichtigheid! Op dit moment handel je voornamelijk tegen onervaren traders, maar het toneel is aan het veranderen. In het najaar van 2017 werd in Frankrijk het eerste Bitcoin-beleggingsfonds van Europa gelanceerd. Er zijn ook meldingen van verschillende hedge- en particuliere fondsen met enorme middelen die zich voorbereiden om de markt te betreden.

## Markttiming

Op het "perfecte moment" binnenkomen met Bitcoin en cryptocurrencies is onrealistisch. Wat er aan de hand is, wekelijkse winsten met dubbele cijfers, zou niet moeten, maar dat is het wel. Het gebruik van strikt technische analyse of fundamentals zal u teleurstellen. Kijk om te kopen op paniekdalingen, stuitert omhoog nadat Bitcoin paniekdalingen zeer winstgevend zijn geweest. Een tactiek om met de volatiliteit om te gaan, is om prijswaarschuwingen in te stellen voor merkbare prijsbewegingen. Ik raad je ten zeerste aan om geleidelijk te accumuleren, cryptocurrency-rijkdom kost tijd. Negeer zoveel mogelijk de hype van het Wilde Westen. Als uw cryptopositie een stijging van 100% + heeft, neem dan wat winst. Als u geen bestaande positie had, koop dan na een grote doorbraak naar boven op de pullbacks. De beste kansen zijn er voor de geïnformeerde en minder voor de emotionele. Dit geldt met name in een arena met crypto traders die niet zijn getest met een daling van 40-50%.

## Hefboom

Hefboom? Wees voorzichtig en alleen met entiteiten die betrouwbare stop-loss's bieden. Bitcoin en crypto's in het algemeen zijn activa die op sommige dagen 20-30% (beide richtingen) kunnen bewegen, daarom kan uw account gemakkelijk ontploffen. U verliest geld wanneer u wordt afgesloten, en dat kan gemakkelijk gebeuren met een hoge hefboomwerking. Waar het op neerkomt: blijf in het spel en wees bij elke langetermijnkorting uiterst voorzichtig ... houdt rekening met alle "doden" van Bitcoin.

## Trading alternatieve valuta's (Altcoins) en ICO's

- **Alternatieve valuta's (Altcoins)** De vele alternatieve valuta's zijn ontstaan op basis van het idee en/of de basiscode van Bitcoin.

- **Initial Coin Offering (ICO)** is een manier van crowdfunding via cryptocurrency. ICO's verkopen een eigendomsrecht of royalty's aan een project. Een munt in een ICO is een symbool van eigendomsbelang in een onderneming, een digitaal "certificaat". Vaak verward met een 'token sale' die verwijst naar het verkopen van deelname aan een economie, waardoor investeerders op een later tijdstip toegang krijgen tot de kenmerken van een project.

## Houd in gedachten voordat u handelt of investeert:

Veel altcoins zijn nutteloos, net als de vroege internet (.com) dagen. Helaas is de scène momenteel gevuld met oplichters en oplichters die graag degenen willen oplichten die op jacht zijn naar "overnight" rijkdom. Hoe navigeer je door het mijnenveld? Zoek naar de grootste winsten, ga waar de actie is, MAAR die winsten moeten worden ondersteund met handelsvolume. Het altcoin-volume moet 500.000 USD+ zijn (voor liquiditeit). De ICO heeft een geode waarde/verkoopropositie nodig. Wat is het nut van de munt? Welk probleem lost het op? Het backing-team moet ook top zijn.

Een van de meer succesvolle ICO's was Ethereum, ze zamelden geld in met een token-verkoop in 2014. In 2017 hebben minstens 90 Initial Coin Offerings plaatsgevonden, waardoor meer dan 1 miljard dollar werd opgehaald. Vanaf december 2017 waren er ook meer dan 1.200 digitale valuta's.

Houd er rekening mee dat met ICO's niemand zeker weet welke van de grond zal komen. Als u in 5 investeert, is de kans groot dat 3 tot 4 falen. Maar degene die opstijgt, keert 10x of meer terug. 10x betekent dat als u $ 10 mm heeft geïnvesteerd, u in totaal $ 100 mm genereert wanneer u verkoopt.

Een kleine tip: stuur bij ICO's of basistransacties een deel van de betaling om overschrijvingen te testen. Oefen met het verzenden van

.001 voor de eerste paar transacties, u kunt met Bitcoin tot 8 decimalen gaan.

U dient zich ervan bewust te zijn dat veel van de recente door durfkapitaal gesteunde ondernemingen hun producten nog niet op de markt hebben gebracht. Bovendien wordt het volledige gebruik van BTC en altcoins net onderzocht. Velen geloven, met goede redenen, dat Bitcoin in waarde zal worden overtroffen door een andere munt. Hun basis is dat in technologie zelden de first mover na 5-10 jaar de dominante speler blijft. Kortom, we bevinden ons in de vroege, vroege dagen van digitale valuta.

## DE ICO-SCAMMERS SPOTTEN!

Enkele van de beste waarschuwingssignalen dat u te maken heeft met oplichters:

- Het is moeilijk om ze te bereiken. De telefoonnummers die ze hebben, kunnen niet worden gevonden door een simpele zoekopdracht op internet
- De whitepaper is meestal kort (minder dan 10 pagina's), gevuld met basisgrammatica of spelfouten
- De kwaliteit van de website is laag of ze hebben een gratis dienst gebruikt om het te bouwen
- Hun "over ons" en registratiegegevens zijn twijfelachtig of ontbreken
- De CEO of adviseurs zijn niet te vinden op LinkedIn of andere professionele kanalen

# HOOFDSTUK 7:
## Trading Tactieken

Hier zullen we de belangrijkste redenen onderzoeken waarom traders geld verliezen en belangrijker nog: de oplossingen onderzoeken.

**Onrealistische verwachtingen**: Het is belangrijk wanneer u begint met traden, zoals met veel dingen, dat u een realistisch idee moet hebben van waar u mee te maken hebt. Onrealistische verwachtingen kunnen de vorm aannemen van iemand die begint met een mini-traderrekening van 1.000 of misschien 2.000 USD en 's nachts rijkdom verwacht.

Je kunt zelfs beginnen met 100 of 200 dollar, wat prima is. Er is niets mis met het bedrag, maar diezelfde traders van 100 of 200 dollar verwachten binnen een paar dagen 1.000 of 2.000 dollar op hun rekening te hebben staan. Er zijn bedrijven die hebben gezegd of zelfs hebben beloofd dat ze dit kunnen doen. Hoewel ik niet zeg dat het onmogelijk is, zeg ik dat het onrealistisch is. Het is essentieel dat u een realiteitszin hebt voor uw trading.

**Geen plan:** Veel mensen zeggen "niet plannen is gedoemd om te mislukken", met planning is uw trading in lijn met uw tijdsbestek en de resultaten die u verwacht te ontvangen. Een handelsplan is essentieel, want zonder een plan zadel je jezelf op voor mogelijk enorme verliezen. Zonder een plan heeft het geen zin om de trading in te gaan.

**Te veel risico:** het kan de persoon zijn met 100 dollar op zijn rekening of zelfs 100.000. Het is niet het bedrag dat cruciaal is, maar het bedrag dat u riskeert in verhouding tot de beschikbare middelen. Je begint vanuit de positie om "falen overleefbaar" te maken. Dit concept is gebaseerd op het idee dat uw verliezen niet catastrofaal mogen zijn. Elke positie mag bijvoorbeeld niet meer dan 5 of 6% van uw beschikbare risicokapitaal gebruiken. Dit betekent ook dat als hefboomwerking wordt gebruikt, dit een laag bedrag moet zijn.

**Trading verwarren met beleggen:** in mijn jaren als bankier heb ik talloze klanten gehad die ik er herhaaldelijk op moest wijzen dat ze de twee niet met elkaar moesten verwarren. Trading gaat over het verdienen van geld op korte termijn, het is inkomsten genererende activiteit, u beweegt in en uit transacties. Beleggen is meer op de lange termijn en heeft meestal een minimale looptijd van een jaar. Het kan zijn dat sommige van uw beleggingsdoelen zijn afgeleid van uw trading, maar deze niet door elkaar halen. Voor sommigen lijkt het misschien eenvoudig, maar uit ervaring met het adviseren van klanten over de hele wereld zijn er nog steeds veel mensen die trading en beleggen door elkaar halen.

**Oplossingen:**

Het is prima om over problemen en uitdagingen te praten, maar we hebben natuurlijk wel een aantal oplossingen nodig.

**Lage hefboomwerking:** om het probleem van te veel risico te vermijden, is een beproefde oplossing het gebruik van een lage hefboomwerking. U houdt de hefboomwerking laag omdat u hierdoor tijd heeft om na te denken, effectiever te reageren en u minder gevoelig bent voor veranderingen in de markt.

**Inschalen Uitschalen:** Uitschalen is een van mijn favorieten. Ik gebruik het met beleggen en ook met mijn trading. Opschalen en uitschalen, de theorie erachter is dat je de markt je laat vertellen welke kant je op moet, zo simpel is het. Ik ben bijvoorbeeld van plan 250 GCMS-altcoins te kopen nadat ik mijn technische en fundamentele analyse heb gedaan. Hoe te beginnen? Ik zou beginnen met een positie van 25 of 50 munten en de markt laten bevestigen of ik op de goede weg ben. Als ik GCMS-munten kocht voor 100 dollar en ze springen plotseling naar 125 per munt, geweldig, de markt bevestigt dat ik de juiste beslissing heb genomen. Als ik in dit voorbeeld met 25 munten zou beginnen, zou ik er nog eens 25 of 50 aan toevoegen en het proces herhalen totdat ik mijn doel van 250 munten heb bereikt.

Sommigen zullen misschien zeggen dat ik een beetje heb gemist op de overgang van 100 naar 125 en dat heb ik enigszins gedaan, maar ik ben ook zekerder in mijn beslissing door geduldig te zijn. Aan de andere kant, om weer uit te schalen, laten we ons voorstellen dat de markt tegen mij was ingeslagen, in plaats van in eerste instantie 250 munten in gevaar te brengen, zou het er maar 25 zijn geweest. Het is duidelijk dat er een compromis is, maar uit ervaring is het in het voordeel van degenen die aan het opschalen zijn.

Nog een voorbeeld, laten we zeggen dat je 100 munten hebt gekocht voor 100 dollar per stuk en de prijs zakt plotseling naar 90. Wat ik zou voorstellen, in plaats van alles meteen te verkopen, dat je overweegt om er slechts 25 of 30 te verkopen omdat de daling te wijten kan zijn aan een overdreven reactie op de markt. Er zijn verschillende dingen die een rol kunnen spelen, bijvoorbeeld een vals gerucht, opnieuw laat je de markt je op het juiste pad leiden. Natuurlijk, als de prijs blijft dalen, beslis je over een definitieve exit als het verder gaat dan je mentale stop loss.

Trading in liquide markten: Trading van liquide markten is iets dat ik niet genoeg kan benadrukken. Het hebben van één, long shot type handel (met ultra-risicokapitaal) is prima, zolang u zich bewust bent van het risico. Voor reguliere handel zijn de crypto's met een lage liquiditeit volgens cryptocurrency-normen echter niet mijn eerste keuze. Liquiditeit is van cruciaal belang, vooral als trader, een belegger is niet zo tijdgevoelig, maar als u trade waar u mogelijk plotselinge bewegingen moet maken, wilt u liquide cryptocurrencies aanhouden.

Liquide, om heel duidelijk te zijn, is het vermogen om gemakkelijk in en uit de trade te gaan. In een trade zijn en papieren winst hebben is geweldig. Als het echter tijd is om de papieren winst om te zetten in echte winsten en als je dat niet kunt, dan is het een slechte grap, niet erg leuk. Aan de andere kant, als je verlies lijdt en niet in staat bent om die positie te verlaten, verandert het in een nachtmerrie. Het kan me niet schelen wie tips geeft, of welke blog je ook leest, je moet liquide cryptocurrencies verhandelen, er is geen andere manier.

**Cryptocurrencies selecteren:** Selecteer er een paar en leer ze goed kennen. Zoals je je kunt voorstellen, verhandelt geen enkele trader 600 verschillende munten tegelijk. Veel mensen beginnen met crypto's door de meest bekende te verhandelen, bijvoorbeeld Bitcoin, Ethereum. Na een tijdje, door een paar geselecteerde crypto's te verhandelen, zullen ze je bekend worden en krijg je een dieper idee van hoe ze bewegen.

# HOOFDSTUK 8:
## Alles Op Een Rijtje Zetten

Traders moeten een systeem hebben. We onderzoeken en verbinden de verschillende aspecten van een traderssysteem.

**Trading Platform:** het selecteren van uw trading platform is belangrijk omdat het platform het voertuig is dat u gebruikt om te handelen. Aangezien de handel online is, is het essentieel dat u een platform gebruikt dat bij uw stijl past. Het kan er een zijn die multi-asset is of een die meer basic is. U moet de provider achter het platform kennen. Met cryptocurrencies heeft u de mogelijkheid om een platform te gebruiken of rechtstreeks met een exchange te handelen. Regelmatig verschijnen er nieuwe exchanges op de markt en afhankelijk van het land moet je voorzichtig zijn. Ik stel voor dat je een aanbeveling krijgt van een vriend of een vertrouwde crypto-adviseur.

**Doelen:** Zonder doelen is het echt moeilijk om te beginnen met traden. De analogie die ik heb gehoord en die ik graag gebruik met betrekking tot doelen is, je kunt ook niet een treinkaartje kopen en gewoon zeggen "geef me een kaartje!" natuurlijk zouden ze vragen "een kaartje naar waar?" Kortetermijndoelen kunnen maandelijkse of wekelijkse winstdoelen zijn, ze zijn geïndividualiseerd. Doelen moeten overeenkomen met uw stijl en de hoeveelheid risicokapitaal die beschikbaar is om te handelen.

Langetermijndoelen zijn vaak gerelateerd aan uw beleggingsstrategie. Ze zijn ook gerelateerd aan uw kortetermijndoelen, omdat de langetermijndoelen gebaseerd moeten zijn op de kortetermijnwinstdoelen. Er moet een match-up zijn, want als je een wekelijks doel van 100 dollar hebt en een maandelijks doel van 1.000, dan is er een discrepantie die moet worden aangepakt.

**Mentale voorbereiding:** u moet psychologisch klaar zijn om te traden. Als u op het punt staat te traden en gespannen of nerveus bent, moet u vrij nemen. Ga mediteren, ga sporten, doe iets anders, maar het is belangrijk dat je niet trade voordat je er psychisch klaar voor bent. Met trading moet u de mentaliteit hebben om dingen niet persoonlijk op te vatten. Verwijder emoties uit de handel, het doel is gewoon om geld te verdienen.

**Ken uw risicotolerantie:** hoeveel bent u bereid te riskeren voor elke transactie? Het is belangrijk, onthoud de gouden regel nummer één van traders "geen geld, geen trade". Het maakt niet uit wat iemand je vertelt, als er geen geld is, is er geen trade en dit moet serieus worden genomen. Dit sluit aan bij uw risicotolerantie, heeft u bijvoorbeeld een kassaldo van 10.000 USD en wilt u 1% risico lopen, dan is het bedrag 100 dollar. Dit betekent dat uw risicokapitaal, ongeacht wat u verhandelt, wanneer u uw stop loss instelt (mentaal of op een platform), niet hoger mag zijn dan 100 USD.

**Doe uw due diligence:** een nieuwe dag is begonnen en uw computer staat aan, wat is er van de ene op de andere dag gebeurd? Wat gebeurde er op de cryptomarkten? U moet op de hoogte zijn van het nieuws dat van de ene op de andere dag naar buiten kwam en, nog belangrijker, hoe de markten erop reageerden. Soms, wat in theorie goed nieuws zou moeten zijn, kunnen de markten verrassen met een negatieve reactie.

**Hoe u uw instapniveau selecteert:** Als u uw instappunten kent, heeft u een goede reden voor elke transactie die u uitvoert. Als je geen goede reden hebt, raad ik je aan het geld te nemen en het aan een goed doel te geven. Bij het selecteren van uw instapniveau heeft u een goede risico-opbrengstverhouding nodig en deze moet overeenkomen met uw risicotolerantie. Er wordt ook rekening gehouden met technische/fundamentele analyse. De ondersteunings- en weerstandsniveaus, nieuws, zijn allemaal essentieel voordat u een transactie uitvoert. Als u crypto's verhandelt, moet u weten waar de ondersteunings- en weerstandslijnen zijn voor het tijdsbestek dat u verhandelt.

**Ken uw exit-niveaus:** wat is uw winstdoelstelling, is het duizend dollar of een paar? Je moet je hiervan bewust zijn. Wanneer u stops instelt om verliezen te beheersen, moet u er eerst voor zorgen dat ze binnen uw parameters vallen. Hetzelfde als bij uw instapniveau, moet u de fundamentele analyse, ondersteunings- en weerstandsniveaus kennen, en de gouden regel van een andere trader "beperk uw verliezen en laat de winst lopen." Veel traders zeggen dat de winst voor zichzelf zorgt, maar u moet de verliezen goed in de gaten houden.

**Houd een dagboek bij:** het is misschien niet voor iedereen, maar het is iets dat ik gebruik om mijn trading vast te leggen. Het bevat verschillende dingen, waar ik de trading ben binnengegaan, mijn exit-niveau en waarom ik dacht dat de trading een goed idee was toen ik erin ging. Als je je dagboek bekijkt en als er patronen zijn, zal je ze gaan ontdekken. U kunt een patroon verwijderen dat niet werkt of een patroon uitbreiden dat wel werkt. Dit helpt u om uw transacties te verfijnen.

**Bekijk uw resultaten:** bekijk uw winst of verlies voor de dag. Het is belangrijk, want hoewel trading leuk kan zijn, is het een bedrijf en het gaat erom winst te maken. Als u bij de beoordeling van uw winst/verlies ontdekt dat dit niet is wat u had bedoeld, is het uw plicht om uit te zoeken waarom. Je moet ook weten wat er achter je goede resultaten zat. Misschien was het puur geluk, en als dat het geval was, geweldig, maar geluk is normaal gesproken geen duurzame handelsstrategie. Ik zou willen voorstellen, zoals ik doe in mijn trading, uw dagboek te herzien. Was het marktnieuws? Of was het de grootte van de posities? Deze factoren kunnen de resultaten beïnvloeden.

## Overgang van Demo naar Live Trading

Tips voor het maken van een succesvolle overgang van een demo naar een live *trading*saccount (dit zijn geen *belegging*stips). Dit zijn enkele van de punten die aan bod komen in de lessen die ik geef. De eerste is realistische financieringsniveaus. De meeste demo-accounts geven je een enorme hoeveelheid virtueel geld om mee te traden, maar je hoeft niet alles te gebruiken. Het is zelfs beter als u dezelfde hoeveelheid virtueel geld gebruikt waarmee u daadwerkelijk uw live-account zou storten. Op die manier krijg je een veel beter idee van hoe het zal voelen om met die bedragen te verliezen of te winnen, zowel mentaal als fysiek. Als je van handelen met honderdduizenden dollars in demo-modus naar handelen met vijf of tienduizend in live-modus gaat, zal het heel anders aanvoelen en heb je geen geldbeheerstrategie ontwikkeld die met die bedragen werkt. Daarom, als je $5.000 hebt om mee te handelen, oefen dan met $5.000 in je demo-account.

De volgende is op realiteit gebaseerde verwachte handelsgroottes. Net als bij de financieringsniveaus, moet u in de demo-modus transacties van vergelijkbare grootte uitvoeren, zoals u redelijkerwijs zou verwachten in de live-modus. Dit zorgt voor pariteit met de strategie die u in de live-modus gaat gebruiken. Je zult een veel soepelere overgang hebben. Als u van plan bent om kleine bedragen te verhandelen met uw gefinancierde account, handel dan klein in de demo-modus, zodat u weet waar u aan begint in termen van hefboomwerking (als u het gebruikt).

Winstgevend handelen: als u elke week verlies maakt in demohandel, dan is het onverstandig om over te schakelen naar live handelen, omdat u uw echte geld verliest. Hoewel u niet kunt verwachten dat u elke dag winst maakt, zou u aan het einde van elke maand vooruit moeten komen voordat u zelfs maar overweegt om over te schakelen naar een live gefinancierde tradingsaccount.

# HOOFDSTUK 9:
## Toolbox voor Technische Analyse van Crypto

Het belangrijkste punt om geld te verdienen met technische analyse is het identificeren van de trend en daarmee handelen. Trends onthullen u waar de prijzen in de toekomst het meest naar toe zullen gaan. Als de trend van een crypto omhoog gaat, dan moet je de crypto kopen om geld te verdienen. Als de trend van een cryptovaluta lager begint te worden, moet je de crypto verkopen om winst te maken. Als de trend van een crypto zijwaarts is, zonder duidelijke richting, moet u ofwel voorwaardelijke orders plaatsen (geen transacties) of wachten tot een duidelijke trend omhoog of omlaag wordt vastgesteld voordat u handelt. Het wordt niet aanbevolen om tegen de trend in te gaan, als u ervoor kiest om dit te doen, zal het in de meeste gevallen een dure ervaring voor **u** zijn.

Trends gaan normaal gesproken niet rechtstreeks naar boven of naar beneden op een directe manier. Ze bewegen zich meestal een tijdje in één richting en volgen dan tijdelijk een deel van de vorige beweging terug (omgekeerd) voordat ze weer in de oorspronkelijke richting terugkeren. Elke keer dat een crypto zich terugtrekt en in de tegenovergestelde richting begint te bewegen, vormt het een nieuw hoogtepunt of een nieuw dieptepunt. Bij crypto's ontstaan bijvoorbeeld nieuwe hoogtepunten wanneer een crypto hoger beweegt en zich vervolgens omdraait en lager beweegt. Nieuwe dieptepunten ontstaan wanneer een crypto lager beweegt en zich vervolgens omdraait en hoger gaat. Door deze hoogte- en dieptepunten te identificeren, kunt u bepalen of een crypto zich in een opwaartse, neerwaartse of zijwaartse trend bevindt.

**Opwaartse Trends** - Markten die een opwaartse trend vertonen, vormen een reeks hogere hoogtepunten en hogere dieptepunten.

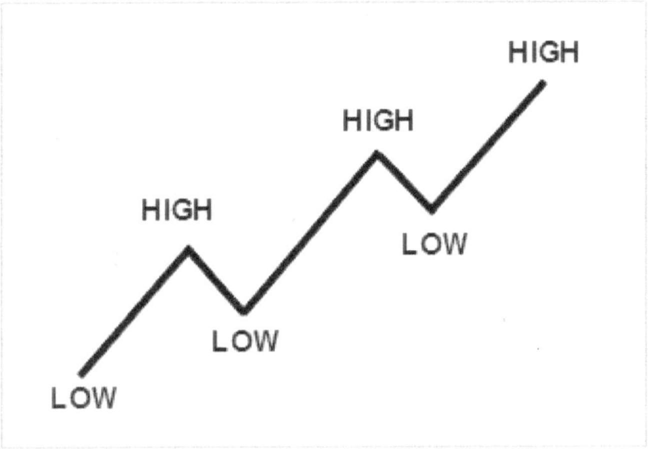


**Neerwaartse Trends** - Markten die een neerwaartse trend vertonen, vormen een reeks van lagere toppen en lagere bodems.

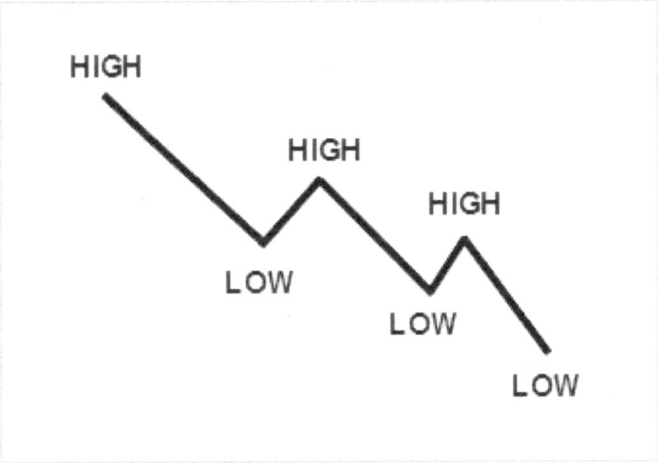

**Zijwaartse trends** - Een cryptocurrency die een zijwaartse trending vormt, vormt een reeks hoogtepunten die zich op ongeveer hetzelfde prijsniveau bevinden en een reeks dieptepunten die zich op ongeveer hetzelfde prijsniveau bevinden.

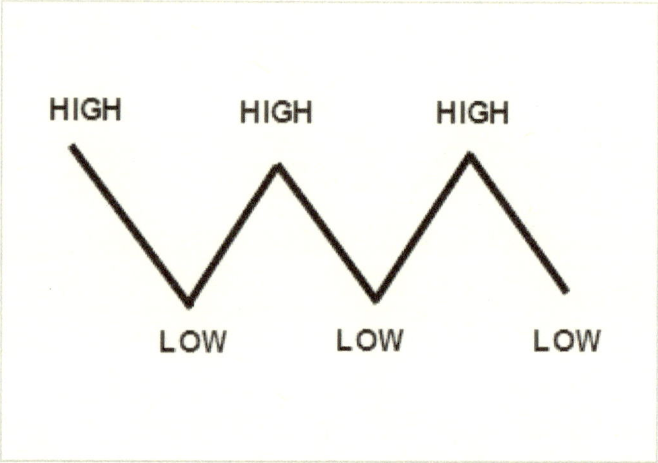


**Trends** - Of het nu opwaartse, neerwaartse of zijwaartse trends zijn, trends kunnen zich over verschillende tijdsperioden vormen. Het identificeren van de verschillende trends over elk tijdsbestek en het kunnen afstemmen hiervan in uw analyse is cruciaal voor uw succes als trader.

## Een kandelaardiagram definiëren

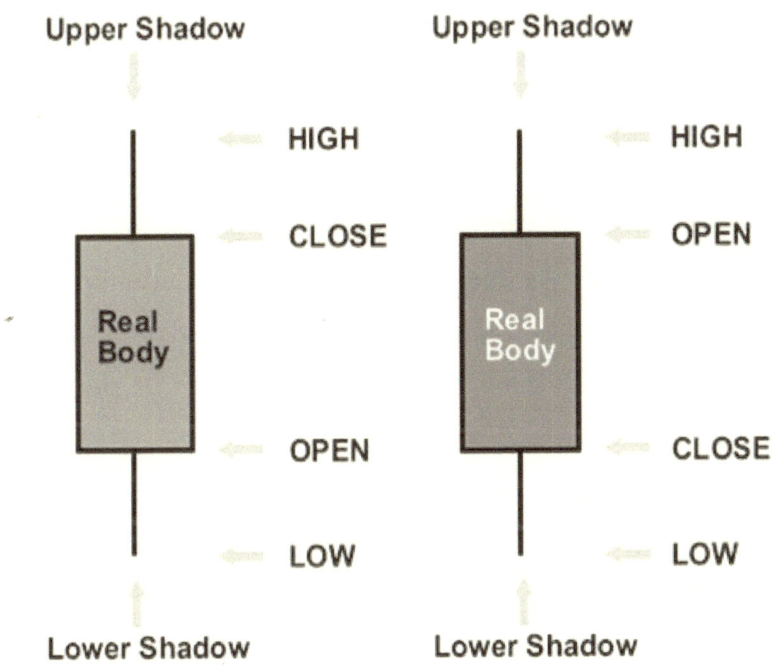


Laten we beginnen met het definiëren van een kandelaar. Een kandelaar is een lijn op een grafiek die één punt vertegenwoordigt en de hoogste, laagste, open en gesloten punten voor elke periode weergeeft. Als we bijvoorbeeld een daggrafiek hebben, vertegenwoordigt elke kandelaar één dag en toont hij de hoogste, laagste, open en gesloten punten voor die dag. Op veel platforms betekent een rode kandelaar dat de slotkoers voor die periode lager is dan de open koers. Een groene kandelaar betekent dat de slotkoers hoger is dan de open koers voor die periode.

# Technische Analyse Indicatoren

We zullen de indicatoren voor Moving Averages), RSI en Bollinger Bands bekijken. De eerste zijn de Moving Averages, en ze zijn handig omdat ze het gemakkelijker maken om een trend te herkennen. Dit is essentieel bij valuta's, cryptocurrencies of sommige van de derivaten waar een opwaartse markt goed is en een neerwaartse markt ook goed. Daarom hoeven we alleen maar deze trend te identificeren of te spotten. Ter illustratie: een Moving Average over vijftig dagen telt de slotkoersen van de afgelopen vijftig dagen op, deelt dit door vijftig en tekent voor elke dag een punt op de grafiek.

### Grafiek Moving Averages

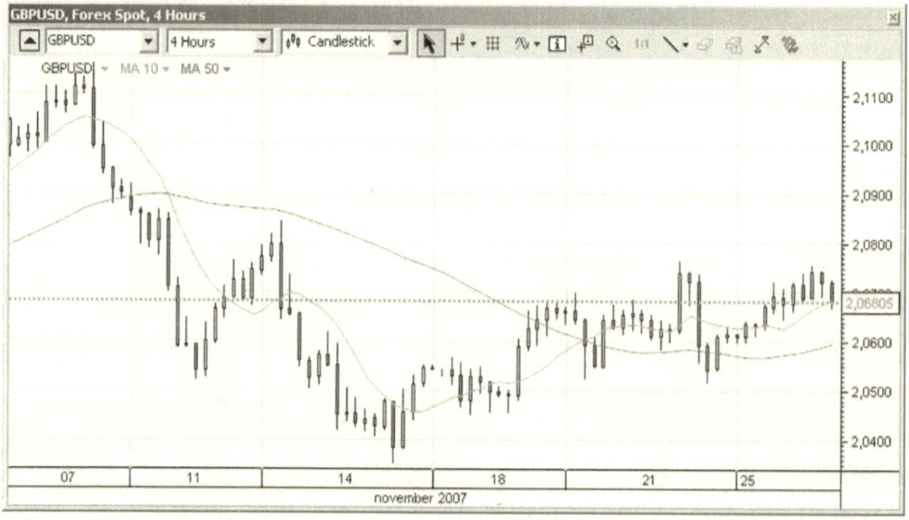


Laten we enkele basisinstellingen bekijken met de Moving Average indicator. Als we instellingen hebben op een grafiek van MA tien en MA vijftig, dan is tien de korte termijn en vijftig de lange termijn. Als de kortere Moving Average boven het langere ligt, wordt de trend als opwaarts beschouwd. Als de kortere Moving Average onder de langere Moving Average gemiddelde ligt, wordt de trend als neerwaarts beschouwd. Als u op een grafiek ziet dat de tien onder de vijftig breekt, de lange termijn in dit voorbeeld, kan dat worden beschouwd als het eerste teken van een verkoopsignaal.

Bij Moving Averages worden de koop- en verkoopsignalen gegenereerd door de prijs die boven of onder de Moving Average lijn ligt. Er is een term die je veel zult horen als je in de buurt bent van mensen die bekend zijn met de technische analyse, het wordt het *gouden kruis* genoemd en het betekent dat de korte termijn boven de lange termijn breekt. Het voorbeeld dat we hebben is tien en vijftig, maar het had twintig en dertig, vijftien en zeventien kunnen zijn, het hangt af van de trader en het instrument dat ze verhandelen.

## Relative Strength Index

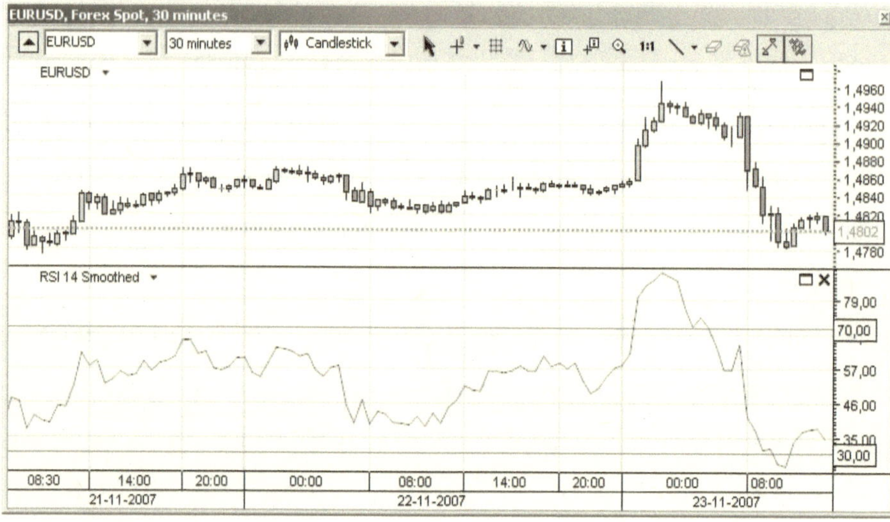


De RSI, de Relative Strength Index, wordt gebruikt om te bepalen of de markt (aandelen, valuta, cryptocurrency, enz.) *overbought of oversold* is. Het is geclassificeerd als een leidende indicator omdat het signalen begint te geven voordat de trend is begonnen. Het heeft een index van nul tot honderd.

De RSI-grafiek is zichtbaar onder de EURUSD-grafiek. De RSI komt min of meer overeen met wat er op de kaart gebeurt en dat zou ook moeten. Uitlezingen onder de dertig geven aan dat de markt misschien oververkocht is en wanneer u de term oververkocht ziet of hoort, betekent dit overmatige verkoop. Lezingen boven de zeventig geven aan dat de markt misschien overbought is, overmatig koopt. Houd er rekening mee dat dit indicaties zijn, het zijn geen garanties voor wat dan ook. Let op: de markt kan gedurende een aanzienlijke periode overkocht of oververkocht blijven.

## Bollinger Bands

Bollinger Bands is een hulpmiddel dat veel beleggers en traders gebruiken wanneer ze verschillende technische analyse-aspecten willen toevoegen aan de transacties die ze open hebben staan. Ze worden gebruikt om de marktvolatiliteit te meten. De Bands bepalen de boven- en ondergrenzen van het tradingsbereik. Als je de Bands op een kaart bekijkt, heb je een boven- en een onderband. De ruimte tussen de boven- en onderkant wordt het koop-verkoopkanaal genoemd. Je gebruikt de ruimte tussen de Bands om een idee te krijgen van waar je je binnen de trading range bevindt. Als u zich in de buurt van de top bevindt, weet u dat u zich dicht bij het weerstandsniveau bevindt en dat er een kans is op een prijsomkering (de markt keert van richting om). Als u onderaan staat, weet u dat u zich in de buurt van het ondersteuningsniveau bevindt voor een mogelijke prijsomkering daar. De prijzen blijven voor het grootste deel tussen de Bands. Als de prijs begint uit te breken, beschouwen veel traders dit als een signaal, dus u moet zich daarvan bewust zijn.

## Ondersteunings- en weerstandsniveaus begrijpen

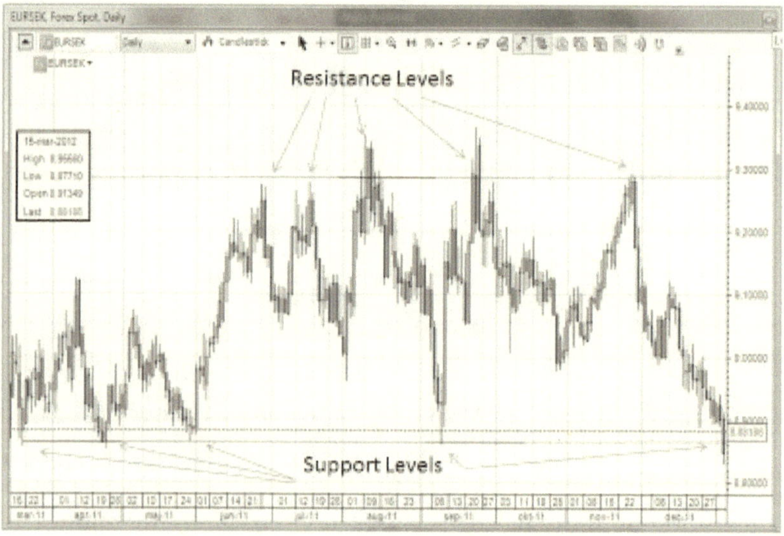


Ondersteuningsniveau is het prijsniveau waarop het verhandelde instrument in het verleden moeite had om eronder te komen. Als we bijvoorbeeld ondersteuning hebben rond 1.4380, zou u in een grafiek kunnen zien dat de markt meerdere keren op dat niveau (1.4380) is geweest zonder lager te worden, dus in technisch-analysejargon zou dit als een ondersteuningsniveau worden beschouwd. Het weerstandsniveau is precies het tegenovergestelde, het prijsniveau waarop het instrument in het verleden moeite had om daarboven te traden.

Chart patterns similar to the letters M & W

**Kaartpatronen "W" dubbele bodem of "M" dubbele bovenkant**

Dit zijn grafiekpatronen waarin de opgegeven prijs voor het instrument beweegt in een patroon dat vergelijkbaar is met de letter "W" (dubbele bodem) of "M" (dubbele bovenkant). Dubbele boven- en onderpatronen worden gebruikt in technische analyse om bewegingen in een aandeel, cryptocurrency of andere investeringen te verklaren, en kunnen worden gebruikt als onderdeel van een tradingsstrategie om terugkerende patronen te exploiteren. Een dubbele top en een dubbele bodem zijn beide trendomkeringspatronen.

Een **dubbele bodem** treedt meestal op na een sterke neerwaartse trend, en dit geeft aan dat een opwaartse trend op handen is. De "bodems" zijn valleien die worden gevormd wanneer de prijs een bepaald ondersteuningsniveau bereikt dat niet kan worden doorbroken. Na het bereiken van dit niveau, zal de prijs er een beetje vanaf stuiteren voordat hij terugkeert om het niveau opnieuw te testen. Als de prijs een tweede keer van de steun stuitert, heb je een dubbele bodemformatie. Als de tweede bodem het dieptepunt van de eerste niet kan doorbreken, dan is dit een sterk signaal dat er een ommekeer gaat plaatsvinden. Hoog tussen de twee 'bottoms' is een 'halslijn' getekend. Bij een dubbele bodem zou je kunnen denken aan het plaatsen van je lange (koop) instaporder boven de 'halslijn' omdat je verwacht dat de trend naar boven zal veranderen.

Een **dubbele top** wordt meestal gevormd na een verlengde opwaartse trend, en dit geeft aan dat een neerwaartse trend op handen is. De "toppen" zijn pieken die worden gevormd wanneer de prijs een bepaald weerstandsniveau bereikt dat niet kan worden verbroken. Nadat dit niveau is bereikt, zal de prijs er een beetje vanaf stuiteren, maar keert dan terug om het niveau opnieuw te testen. Als de prijs weer van dat niveau afketst, heb je een dubbele top. Als de tweede top de high van de eerste top niet kan doorbreken, dan is dit een sterk signaal dat er een ommekeer gaat plaatsvinden. Aan de onderkant tussen de twee 'tops' is een 'halslijn' getekend. Bij een double top zou je kunnen denken aan het plaatsen van je short (sell) entry order onder de 'neckline' omdat je verwacht dat de trend naar beneden zal omslaan.

# HOOFDSTUK 10:

## De Meest Voorkomende Argumenten tegen Bitcoin en Crypto's - met Antwoorden

**Creditcards en contant geld worden door de meeste handelaren geaccepteerd, maar Bitcoin wordt weinig geaccepteerd:**

Momenteel is dit grotendeels waar, maar de realiteit is aan het veranderen. Er zijn nu wereldwijd meer dan 150.000 handelaren die Bitcoin als betaalmethode accepteren. Begin 2014 werd overstock.com de eerste grote retailer die Bitcoin accepteerde. Andere bedrijven die betalingen accepteren zijn Subway, Wordpress, Virgin Galactic, Reddit, Wikipedia, Shopify, OKCupid, Amazon, Paypal en Ebay. Er is meer, eind november 2017 zei een van de Big Four accountantskantoren, PricewaterhouseCoopers, dat het een betaling in Bitcoin accepteerde voor zijn adviesdiensten.

Een belangrijk punt om in gedachten te houden is dat cryptocurrencies geen fiat-valuta's zijn. Ze worden pas vergelijkbaar met een fiat als een regering zegt dat ze een wettig betaalmiddel zijn. Als dat zou gebeuren, ja, dan zou uw plaatselijke fiets- of koffiewinkel ze moeten accepteren wanneer u ervoor kiest om ze uit te geven.

**Overheidsbevoegdheden geven hun controle over geld niet zonder slag of stoot op. Ze zullen cryptocurrencies verpletteren:**

De mogelijkheid en het risico dat de overheid ingrijpt bestaat, maar er is geen groeiende beweging om dit te doen. Een paar landen hebben ze verboden en hun prijzen en acceptatie door het grote publiek zijn alleen maar toegenomen. Zelfs onder de banners zijn alleen bepaalde activiteiten verboden, bijvoorbeeld ICO's.

## Bitcoin en andere crypto's profiteren van first mover-voordelen, maar hoe zit het met toekomstige concurrentie?

U hoeft niet op de toekomst te wachten, er zijn al concurrenten. Tot nu toe is de marktwaarde van de top first mover crypto's alleen maar gestegen. De meest populaire crypto's worden voornamelijk gebruikt om rijkdom op te slaan of te laten groeien. Met andere woorden, veel mensen kopen crypto's simpelweg omdat ze verwachten dat de prijs zal stijgen. De competitie biedt mensen meer opties, maar het heeft geen van de topspelers vernietigd. Bijvoorbeeld, alleen omdat een nieuw bedrijf op de beurs wordt genoteerd, betekent dat niet automatisch dat hun concurrenten zullen instorten. Veel beleggers geven er gewoon de voorkeur aan om te diversifiëren.

# HOOFDSTUK 11:
## Wat te Verwachten in de Nabije Toekomst

Ik heb met opzet de woorden 'nabije toekomst' gebruikt, omdat het naar mijn mening een dwaze boodschap is om langetermijnclaims over crypto's te doen.

## Minder ICO-waanzin

De ICO-gekte zal een deel van de irrationele goudkoorts-mentaliteit verliezen en we zullen een verbeterde zelfcontrole zien van de huidige spelers op de markt. Het publiek en de regelgevers van de overheid hebben grenzen aan wat ze tolereren.

## Relevante regelgeving

De handel in Bitcoin en andere cryptocurrencies blijft grotendeels ongereguleerd. Ik werd onlangs op de hoogte gebracht van het aantal bureaus dat jurisdictie claimt over cryptocurrencies. Dit is alleen al in de Verenigde Staten, je hebt het FinCEN van het Treasury Department, de Securities and Exchange Commission en de Internal Revenue Service (IRS). Het verhaal wordt nog bizarder, omdat er niet eens overeenstemming is tussen de regelgevers over wat een Bitcoin is. De IRS behandelt het bijvoorbeeld als eigendom en de Commodity Futures Trading Commission zegt dat het een handelsartikel is. Voor marktdeelnemers brengt dit verwarring naar een nieuw niveau. Zelfs met de verwarring, om het vertrouwen van de bredere retail- en institutionele markten te vergroten, is er behoefte aan meer geschikte regelgeving voor deze groeiende markt. Dit moet ook snelle en krachtige straffen omvatten voor degenen die zich schuldig maken aan wangedrag.

## Hier wil ik meer van te zien

Waar ik reikhalzend naar uitkijk om meer van te zien in de nabije crypto-toekomst.

1-Exchanges zal zowel de beveiliging verbeteren als hun capaciteit om te kunnen omgaan met pieken in de vraag. Hoewel crypto-uitwisselingen niet aan hetzelfde niveau van controle worden onderworpen als traditionele uitwisselingen, zal het in de toekomst steeds moeilijker worden om over dit beveiligingsprobleem te blijven praten. Waarom? het cryptolandschap heeft genoeg trieste verhalen over hacks waarbij miljoenen worden gestolen. Geen enkele regio ter wereld mag met de vinger wijzen. Het gebeurt in het Oosten en het gebeurt ook in het Westen, zowel bij grote als kleine beurzen. In tegenstelling tot fondsen bij uw lokale bank, is er, als uw account is gehackt op een beurs, zeer weinig toevlucht tot het terugkrijgen van uw geld en op dit moment is er geen verzekering beschikbaar. Iedereen weet dat hackers toegewijd op jacht zijn naar cryptocurrency-accounts, daarom moet de verdediging worden opgevoerd. De interne bedreigingen zijn een andere reeks hoofdpijnen, ze variëren van handel met voorkennis tot ander financieel wangedrag van werknemers.

Verschillende van de gereguleerde en grotere exchanges begaven het onder de vraag naar nieuwe accounts tijdens de recente marktexplosies. Ze zullen deze keer een pass krijgen, maar hoe vaak zal het publiek of de machthebbers zo vergevingsgezind blijven?

2- In het najaar van 2017 werden Bitcoin-futures gelanceerd en het zal interessant zijn om te zien hoe dit uitpakt. Het publiek heeft gevraagd om een meer gereguleerde markt, goed traden op een future exchange draait allemaal om regelgeving. Dit is ook de eerste keer dat Bitcoin traders hun positie op een gereguleerde markt kunnen afdekken. Ze kunnen nu de andere kant van de markt innemen, door te shorten.

3- Meer munten waardoor miners niet meer nodig zijn. Momenteel wordt het grootste deel van de Bitcoin mining gedaan door een handvol bedrijven. Geen marktgezonde situatie omdat ze deze invloed op ongewenste manieren kunnen gebruiken.

4- Verbeteringen in de snelheid van transacties lijken de aandacht te trekken van veel influencers uit de sector. Zelfs voor Bitcoin fans kan het relatief trage tempo van een routinetransactie een probleem zijn. Er zijn verschillende crypto's die deze uitdagingen aangaan en ik ben verheugd om te zien hoe hun verhalen zich ontwikkelen.

Bitcoin en cryptocurrencies zijn ver verwijderd van de tijd dat ze vooral werden geassocieerd met criminelen. Nu is er zowel een breder als een positiever publiek bewustzijn. Bitcoin-futurestransacties worden zelfs gecleard door Wall Street-firma's met de beste namen, iets waar niet lang geleden om zou zijn gelachen. Om de vooruitgang voort te zetten zoals ik heb uiteengezet, moet er minder hype zijn, relevante regelgeving en meer veiligheid plus transparantie van de uitwisselingen. Deze suggesties zullen er volgens mij voor zorgen dat cryptocurrencies, als activaklasse, verder gaan dan de early adopters-fase.

# CONCLUSIE

Bedankt dat je het einde van *De gids voor het beheersen van Bitcoin & cryptovaluta* hebt gehaald. Laten we hopen dat het informatief was en je de tools hebt gekregen die je nodig hebt om je doelen te bereiken, namelijk het verhandelen van cryptocurrencies en het verdienen van geld. De volgende stap is om uw handelsvaardigheden te testen en uw risicokapitaal op te bouwen. Dit geeft je de motivatie die je nodig hebt om te slagen. Ik heb verschillende andere boeken over verschillende aspecten van handel en activaklassen, bekijk ze alstublieft!

# PROFIEL VAN DE AUTEUR

W**ayne Walker** is de oprichter van GCMS, een toonaangevend opleidings- en adviesbureau voor kapitaalmarkten (gcmsonline.info). Hij is een autoriteit op het gebied van cryptocurrency-handel en onderwijs. Naast het lanceren van de eerste cryptocurrency-trainingscursus in Noord-Europa, is hij ook een belezen auteur en gastjournalist bij Cryptcoin.news, een van de leidende stemmen in de industrie. Degenen die serieus bezig zijn met handelen en investeren in cryptocurrencies worden aangemoedigd om contact op te nemen met GCMS.

# ESSENTIELE BITCOIN WOORDENBOEK

**Blockchain:** is een openbaar register/grootboek van Bitcoin transacties in chronologische volgorde. De blockchain wordt gedeeld door alle Bitcoin gebruikers. Het wordt gebruikt om de duurzaamheid van Bitcoin transacties te verifiëren en dubbele uitgaven te voorkomen.

**Block:** Is een record in de blockchain dat wachtende transacties bevat en bevestigt. Gemiddeld wordt er ongeveer elke 10 minuten een nieuw blok inclusief transacties naar de blockchain gemaakt door middel van mining.

**Genesis Block:** Dit is het allereerste blok dat is gemaakt en het begin van de blockchain.

**Hash Rate:** Is de meeteenheid van de verwerkingskracht van het Bitcoin netwerk. Het Bitcoin netwerk moet om veiligheidsredenen intensieve wiskundige bewerkingen uitvoeren. Toen het netwerk een hash-snelheid van 10 Th/s bereikte, betekende dit dat het 10 biljoen berekeningen per seconde kon maken.

**Mining:** is het proces waarbij computerhardware wiskundige berekeningen maakt voor het Bitcoin netwerk om transacties te bevestigen en de veiligheid te vergroten. Als beloning voor hun diensten kunnen Bitcoin miners transactiekosten innen voor de transacties die ze bevestigen, samen met nieuw gecreëerde bitcoins. Mining is gespecialiseerd en competitief, de beloningen worden verdeeld op basis van hoeveel berekeningen worden gedaan.

**Confirmation:** Confirmation (bevestiging) betekent dat een transactie door het netwerk is verwerkt en hoogstwaarschijnlijk niet ongedaan kan worden gemaakt. Transacties krijgen een bevestiging wanneer ze in een block zijn opgenomen en voor elk volgend block. Zelfs een enkele bevestiging kan als veilig worden beschouwd voor transacties met een lage waarde, hoewel het voor grotere bedragen zoals 1000 US $ zinvol is om op meerdere bevestigingen te wachten.

**Double Spend:** Als een kwaadwillende gebruiker zijn bitcoins tegelijkertijd aan twee verschillende ontvangers probeert uit te geven, is dit dubbele besteding. Bitcoin-mining en de block chain zijn er om een consensus over het netwerk te creëren over welke van de twee transacties zal bevestigen en als geldig zal worden beschouwd.

**Private Key:** is een geheim stukje gegevens dat uw recht bewijst om bitcoins uit een specifieke wallet te besteden door middel van een cryptografische handtekening. Uw privésleutel(s) worden op uw computer opgeslagen als u een softwarewallet gebruikt; ze worden opgeslagen op sommige externe servers als u een webwallet gebruikt. Privésleutels mogen nooit worden onthuld, omdat u hiermee bitcoins kunt uitgeven voor hun respectievelijke Bitcoin wallet.

**Handtekening:** Een cryptografische handtekening is een wiskundig mechanisme waarmee iemand het eigendom kan bewijzen. In het geval van Bitcoin zijn een Bitcoin wallet en zijn privésleutel(s) verbonden door wiskundige magie. Wanneer uw Bitcoin software een transactie ondertekent met de juiste privésleutel, kan het hele netwerk zien dat de handtekening overeenkomt met de bitcoins die worden uitgegeven. Er is echter geen manier voor de wereld om uw privésleutel te raden en om zo uw bitcoins te stelen.

**Wallet:** Een Bitcoin wallet het equivalent van een fysieke portemonnee op het Bitcoin netwerk. De wallet bevat eigenlijk uw privésleutel(s) waarmee u de eraan toegewezen bitcoins in de blockchain kunt uitgeven. Elke Bitcoin wallet kan u het totale saldo van alle Bitcoins die hij beheert laten zien en u kunt een bedrag aan een specifieke persoon betalen.

**Koude Opslag:** Dit is het proces van het verplaatsen van uw bitcoins naar een offline wallet. Het voordeel hiervan is dat niemand uw computer kan hacken en uw privésleutels kan stelen als uw computer niet is aangesloten op een netwerk. Bitcoins moeten uit de koude opslag worden gehaald om te worden uitgegeven of opnieuw te worden overgedragen.

**Adres:** Een Bitcoin adres is een unieke reeks van 27-34 alfanumerieke tekens. Een adres kan vrij worden aangemaakt met behulp van een wallet en begint altijd met een 1 of een 3.

**Alternatieve valuta's:** de vele verschillende alternatieve valuta's die zijn ontstaan op basis van het idee en/of de basiscode van Bitcoin. Enkele van de meer opvallende valuta's zijn Litecoin, IOTA en Ripple.

**Fork:** Een "fork" is een wijziging in de software van de digitale valuta die twee afzonderlijke versies van de blockchain creëert met een gedeelde geschiedenis. Forks kunnen tijdelijk zijn of ze kunnen een permanente splitsing in het netwerk zijn en twee afzonderlijke versies van de blockchain creëren. Wanneer dit gebeurt, worden er ook twee verschillende digitale valuta's gemaakt.

**DDOS:** afkorting van 'Distributed Denial of Service'. Een goed getimede DDoS-aanval op exchanges tijdens volatiele bewegingen kan verwoestend zijn, omdat traders geen enkele order handmatig kunnen uitvoeren en overgeleverd zijn aan hun vooraf ingestelde orders.

*Infographic uit hoofdstuk 2 is gemaakt door CB Insights.